TAROT VINTAGE

W0405321

collection
LO SCARABEO

Intuitives
ÉDITIONS

TAROT VINTAGE

Arthur Edward Waite

Illustrations de Pamela Colman Smith
Instructions de Sasha Graham
Adaptation graphique et mise en couleurs par :
Chiara Demagistris

Titre original : *Tarot Vintage*
Publié pour la première fois par Lo Scarabeo.

Traduit de l'anglais par Naomi Defays
ISBN : 978-2-38297-004-1

www.editions-tredaniel.com
info@guytredaniel.fr
www.facebook.com/editions.tredaniel

SOMMAIRE

INTRODUCTION

Bienvenue dans le monde du *Tarot Vintage*. Vous venez d'ouvrir l'œuvre d'art moderne la plus importante et la plus mystérieuse du tournant du XXe siècle. Grâce à ce coffret, vous examinerez le passé et le présent, et vous projetterez sans peine dans l'avenir que vous désirez. Mais d'abord, revenons sur l'histoire et les origines de ce sublime jeu de cartes.

Le *Tarot Vintage* est une interprétation nouvelle, quoique fidèle, du tarot classique créé par Pamela Colman Smith et Arthur Edward Waite à Londres, au cours d'un mois de décembre 1909 particulièrement doux et humide. Le monde se tenait au bord d'un terrible précipice : trois ans avant que le *Titanic* ne sombre dans les eaux sombres et glacées de l'Atlantique, cinq ans avant la Première Guerre mondiale et ses 16 millions de morts…

Électricité, aviation, développement ferroviaire : le continent européen connaissait une révolution. Les idées se diffusaient à la vitesse de l'éclair, grâce à l'essor de la presse, de la radio et du télégraphe. Londres et Paris, en pleine ébullition intellectuelle, étaient des viviers d'artistes, d'écrivains et de penseurs, de Picasso à Carl Jung en passant par Matisse, Virginia Woolf ou encore Ernest Hemingway.

Les arts occultes connaissaient, quant à eux, un renouveau. Les vestiges égyptiens exhumés par les archéologues et exposés dans les musées des grandes villes, attisaient l'appétit du public pour les secrets antiques et les rites mystérieux, tandis qu'une nouvelle génération d'auteurs mystiques traduisait grimoires et textes médiévaux dans la bibliothèque du British Museum.

La maison d'édition londonienne William Rider and Son s'attachait alors à satisfaire cette soif d'étrange et d'inexplicable. On y publiait toute une variété d'ouvrages de fiction et de non-fiction, comme *Le Repaire du ver blanc* et *Dracula* de Bram Stoker. La maison collaborait, entre autres, étroitement avec un auteur occulte nommé Arthur Waite, dont elle publia un court manuscrit : *Key to the Tarot.* Waite avait confié à Pamela Colman Smith, jeune artiste à l'imagination foisonnante, le soin d'illustrer les 78 cartes accompagnant ce livret. Les dessins simples et intimes qu'elle créa pour les arcanes mineurs, permettaient à tout un chacun de s'approprier la lecture du tarot et de s'essayer à la divination intuitive. Bien que les cartes furent, à l'origine, en noir et blanc, la présente édition, adaptée par la graphiste italienne Chiara Demagistris, parvient à rendre avec ses douces couleurs cette impression de papier ancien qui nous replonge au début du XXe siècle.

Pamela Colman Smith et Edward Waite étaient tous deux membres de l'Ordre hermétique de l'Aube dorée, une société magique secrète qui comptait également le poète et prix Nobel irlandais William Butler Yeats, l'écrivain Bram Stoker ou encore le magicien Aleister Crowley, célèbre sous le titre d'« homme le plus mauvais du monde ». L'Ordre se servait du tarot comme structure codifiante au sein de ses diverses activités occultes : rituels initiatiques, cérémonies magiques, voyage astral, cristallomancie, astrologie, études de la kabbale…

Le symbolisme de ce jeu de cartes s'inspirait de la franc-maçonnerie, de l'alchimie, du rosicrucisme, de l'Égypte ancienne, de la kabbale hébraïque, de l'Arbre de vie et de tarots traditionnels datant pour les plus vieux du XVe siècle. Waite et Smith, fidèles à leur culture chrétienne, inclurent également des éléments symboliques de cette religion. Waite continua à publier des livres sur l'occulte et Smith à peindre, mais aucun ne vécut assez longtemps pour constater le succès phénoménal de leur tarot. Ils moururent tous deux dans un relatif anonymat – la célébrité n'ayant, de toute façon, jamais réconforté qui que ce soit sur son lit de mort… Depuis, leur héritage a traversé plus d'un siècle pour se retrouver entre vos mains. Imaginez seulement toutes les merveilles qu'il a à vous révéler !

Le tarot est un art aussi pratique que magique. Il permet d'aller de l'avant, de revenir en arrière et d'explorer en chemin tous les détours du temps. Vous pouvez tirer les cartes à vos proches, les conseiller et même créer des histoires originales en vous inspirant de ce que vous indiquent les cartes. Le tarot est un champ de possibles vous permettant d'explorer de multiples options avant de les appliquer à la « vraie vie ». Et sa structure unique, pouvant être appliquée à bien d'autres pratiques occultes, en fait la porte d'entrée idéale vers les arts métaphysiques.

COMMENT FONCTIONNE LE TAROT ?

Le tarot est une clé visuelle pour libérer sa créativité, son intuition et ses idées. À chaque tirage, vous tomberez sur de nouvelles associations de chiffres, de symboles, de couleurs et d'images. Et chaque fois que vous interrogerez votre jeu, vous vivrez des émotions et des circonstances différentes. Ainsi, les cartes et votre situation n'étant jamais les mêmes, vous découvrirez toujours de nouvelles impressions et informations.

Le tarot est un art simple. Retournez une carte. Observez-en l'illustration. Et racontez l'histoire que vous voyez. Plus vous étudierez et pratiquerez, plus vous pourrez approfondir et affiner vos lectures. Puisque tout individu est unique, le tarot fonctionne différemment pour chacun. Nous avons tous des dons, une sensibilité et des intentions propres face aux cartes. L'efficacité et l'utilité du tarot dépendent de la personne qui s'en sert et de la façon dont elle le fait. En développant vos capacités d'interprétation, vous cultiverez votre propre style de lecture.

COMMENT INTERROGER LES CARTES ?

Les cartes deviendront vos confidentes. Pour qu'elles vous apportent les réponses recherchées, vous devez leur poser la bonne question. Une question adéquate vous apportera une lecture fluide et des réponses claires. Une question astucieuse encouragera votre cerveau à trouver les solutions qu'il sollicite. Pour cela, vos questions doivent absolument :

1. Prendre en compte votre rôle dans le futur.
2. Expliciter l'issue que vous désirez.

Par exemple, évitez les questions commençant par « Pourquoi » ou « Est-il possible que ». Au lieu de demander « Pourquoi l'amour me fuit-il ? », demandez « Que faire pour trouver l'amour ? ». Remplacez « Pourquoi n'ai-je pas d'argent ? » par « Comment puis-je gagner et épargner plus d'argent ? », ou encore « Serai-je jamais heureux ? » par « Sur quoi dois-je me concentrer pour mener une vie heureuse ? ». Les questions ciblées apportent les conseils et l'inspiration nécessaires pour agir immédiatement. C'est un acte de magie qui modifie votre énergie et vous réconcilie avec ce que désire votre cœur.

PERCER LE MYSTÈRE DES 78 CLÉS

Dans le domaine de l'occulte, Waite fut un auteur prolifique. Il créa son jeu de cartes à l'intention du grand public, mais il avait, comme Smith, prêté serment à l'Aube dorée, jurant de ne jamais révéler aux non-initiés les significations des cartes mystiques de leur société secrète. Waite trouva pourtant le moyen de contourner cette interdiction en rédigeant, dans un manuel, les « Fragments d'une tradition secrète sous le voile de la divination ». La divination est l'art de prédire l'avenir. Waite, sachant que c'était là ce que le public recherchait, dissimula la tradition secrète derrière des apparences de jeu de divination. Ses cartes de tarot étaient donc nimbées d'un double mystère, puisque rares étaient les personnes initiées soit aux secrets de la société, soit aux méthodes divinatoires. Le guide écrit par Waite était un secret dans le secret.

Toutefois, en mêlant ainsi des informations mystiques codées aux traditions divinatoires folkloriques, Waite créa des cartes aux interprétations contradictoires. Mais ces divergences, plutôt que de vous agacer, doivent vous rappeler que chaque carte est un puits de sens infini. Chaque arcane est un univers unique et chatoyant, à explorer et à comprendre. Les mots-clés donnés dans ce livret sont donc tous valables et directement inspirés du guide de Waite.

Un « mot-clé » vous ouvre les portes du sens. Pour interpréter une carte, il ne faut toutefois pas en négliger l'illustration. Laissez le message naître de votre intuition et du symbolisme employé : Quelles pensées suscitent en vous les symboles et l'action représentés ? Cherchez ensuite un mot-clé. Cette graine, cette clé vous donnera accès à un sens plus riche et profond des secrets des arcanes.

N'ayez pas peur de mal interpréter une carte. La peur est la meilleure façon de saboter une lecture. Vous en savez plus que vous ne le pensez. Lisez le tarot comme vous liriez une bande dessinée. Observez les illustrations. Voyez ce qu'il s'y passe. Utilisez l'image pour vous créer une histoire, et laissez ce récit vous offrir un message qui s'applique à votre question. Suivez votre première intuition.

CARTES RENVERSÉES

Une carte est dite « renversée » lorsqu'elle vous apparaît à l'envers quand vous la tirez. Les mots-clés qui s'y rapportent sont en italique. Il est important que vous décidiez de la façon dont vous interpréterez les cartes renversées avant de commencer votre tirage. En effet, plusieurs options s'offrent à vous :

1. Ignorer les cartes renversées et les remettre dans le bon sens.
2. Se référer aux mots-clés en italique.
3. Voir les cartes renversées comme indicatrices d'un blocage dans l'énergie des cartes, ou un retard dans ce qui est annoncé.
4. Voir les cartes renversées comme nécessitant plus d'attention.
5. Interpréter chaque carte renversée comme l'opposé de la même carte à l'endroit.

STRUCTURE DU JEU

Le tarot se compose de deux groupes de cartes : les arcanes majeurs et les arcanes mineurs. Le mot « arcanes » signifie « secrets », « mystères ». Or, pour percer ces derniers, vous devez savoir les déchiffrer. Vous l'ignorez peut-être, mais vous avez déjà en main toutes les clés pour le faire.

Les arcanes majeurs sont un ensemble d'images archétypales que le psychologue Carl Jung définissait comme des concepts universels. Un archétype est une idée ou un objet que n'importe qui, quelle que soit sa culture ou son éducation, est capable de comprendre. Ainsi, le Fou est l'étranger, la personne exclue de tout groupe social. Le Magicien est le sorcier aux pouvoirs merveilleux. L'Impératrice est une mère et l'Empereur un père, etc.

Ce sont les arcanes majeurs qui distinguent le tarot des oracles ou des simples cartes à jouer. Ces « Grands Secrets », lorsqu'ils apparaissent, représentent généralement des événements importants ou une évolution intérieure majeure. Attardez-vous toujours sur le nom de la carte (La Justice, L'Étoile, Le Monde…), et non simplement sur le chiffre romain qui l'identifie.

Les arcanes majeurs suivent la structure mythologique du « voyage du héros » théorisé par Joseph Campbell. Dans le tarot, on suit le « voyage du Fou », dans lequel le Fou devient le héros ou l'aventurier qui évolue d'une carte à l'autre. Il en tire des leçons et y gagne en expérience jusqu'à la conclusion, la carte du Monde qui marque la fin du voyage. Puis l'histoire recommence. On retrouve ici le cycle sacré de la vie, les révolutions des astres du système solaire et les rythmes de l'existence humaine.

Les arcanes mineurs renferment les « petits secrets » de la vie quotidienne et des expériences immédiates. Ces cartes ne sont identifiées que par un chiffre romain, à l'exception des figures qui ne portent que le titre du personnage qu'elles représentent. Comme dans un jeu de cartes classique, elles sont réparties en quatre enseignes (ou suites) – Bâtons, Épées, Coupes et Deniers –, chacune comptant 10 cartes numérotées et quatre figures.

LES QUATRE ENSEIGNES DU TAROT

Les quatre enseignes du tarot apportent un contexte et un sens particuliers à la lecture. Chacune est liée à un élément, qui inscrit la carte tirée dans un certain monde d'interprétation.

Les **Coupes** sont liées à l'élément eau. Le monde des Coupes est fluide et humide, comme le printemps naissant. Les Coupes sont tout ce qui est émotionnel. Elles reflètent nos joies, nos douleurs, nos peines, nos bonheurs et tout le reste : le spectre entier de nos émotions sans cesse changeantes. Les Coupes sont aussi l'art et l'imagination ; la rêverie et les facultés parapsychiques. Elles nous rappellent que les émotions sont un flux mouvant.

La coupe, profonde et généreuse, est un symbole féminin. Elle accueille, retient et nourrit. Même vide, elle est pleine d'espace. Une Coupe déborde toujours de possibilités.

Les **Deniers** sont liés à l'élément terre. Leur monde est tel l'automne exubérant, temps des récoltes et des résultats tangibles. Les Deniers sont lents, mais stables. Ils représentent tout ce que vous pouvez toucher, goûter, voir et sentir. Ce sont les cellules de votre corps. Ce sont aussi les choses que l'on possède, et l'argent et les ressources que l'on a ou dont on a besoin. Les Deniers représentent le monde matériel et toute manifestation physique. Ils nous montrent comment croître et évoluer.

Le symbole du Denier (ou pentagramme) est une étoile à cinq branches inscrite dans un cercle. Ses branches représentent la terre, l'air, le feu, l'eau et l'esprit ou les cinq extrémités de l'homme (pieds, mains et tête). Le Denier est le cercle sacré de l'univers.

Les **Bâtons** sont liés à l'élément feu. Leur monde est brûlant comme l'été torride. Ces cartes reflètent l'énergie et la passion qui nous éveillent et nous enflamment. Elles renvoient au travail, à la carrière et tout ce qui a trait à l'entrepreneuriat. Les Bâtons reflètent nos intentions et nos vocations personnelles. Ils sont la volonté et l'enthousiasme ; la sensualité érotique et l'énergie de vie. Ils éclairent le chemin de notre destinée.

Le bâton symbole de ces cartes peut être vu comme une baguette magique. Il est masculin, saillant. Les feuilles sur les branches renvoient à la croissance née de l'ardeur du feu.

Les **Épées** sont liées à l'air. Leur monde est pur et vif, comme une fraîche journée d'hiver. Ces cartes sont les plus redoutées du tarot, car elles reflètent l'état profond de notre esprit. Les Épées sont les pensées, les idées et les processus psychiques. Elles sont les histoires que l'on raconte à soi-même ou à ceux qui nous entourent ; les récits que l'on se crée et les mots que l'on emploie pour blesser ou soigner les autres ou sa propre personne. Les Épées sont toutes les formes de communication – écrite, verbale ou tacite.

Leur clarté vous guidera jusqu'à votre idéal le plus élevé.

Le symbole de l'épée est masculin. C'est une arme pointue, à la lame acérée utilisée pour transpercer et défendre. Les Épées représentent toujours deux faces d'un même problème. Souvent ornementale, l'épée, si elle pointe vers le haut suggère le besoin de chercher des informations directement auprès du divin.

Feu/Bâtons = Action/Passion/Carrière

Air/Épées = Pensées/Communication/Mots

Eau/Coupes = Sentiments/Émotions/Amour

Terre/Deniers = Matériel/Possessions/Argent

LES CARTES NUMÉRALES

Les chiffres correspondant aux arcanes mineurs sont de précieux outils pour leur interprétation. Et cela est plus simple qu'il n'y paraît. Pour interpréter le chiffre d'une carte de tarot, pensez que chaque enseigne suit la structure classique d'une histoire, composée d'un début, d'un milieu et d'une fin. Les As sont le commencement ; ils symbolisent le début d'un cycle, une idée neuve ou un nouveau départ. Le milieu de l'histoire correspond aux péripéties. Les Cinq, par exemple, présentent un défi ou un problème délicat ; ils nous dévoilent les épreuves à affronter. À la fin de l'histoire, le dénouement laisse place au grand final : les Dix représentent toujours l'issue d'une situation. Tous les autres chiffres s'insèrent eux aussi dans cette progression.

Examinez attentivement les cartes pour mieux en comprendre le chiffre. Notez comme, pour une même enseigne, l'As est clair et pur, et le Dix chargé. Toutes les cartes d'une même enseigne émergent de l'As, comme les fleurs d'un même jardin.

1 : Un = Commencement

2 : Deux = Collaboration

3 : Trois = Créativité

4 : Quatre = Structure

5 : Cinq = Défi

6 : Six = Expansion du cœur

7 : Sept = Étrange

8 : Huit = Perfection infinie

9 : Neuf = Souhait réalisé

10 : Dix = Fin

LES FIGURES

Chaque enseigne compte un Roi, une Reine, un Valet et un Cavalier. Ces figures sont identifiées par leur titre et non par un chiffre. En appliquant la structure familiale à ces quatre cartes, vous comprendrez mieux leur signification.

Valet = l'enfant : conscience et curiosité.

Cavalier = l'adolescent : énergie débordante.

Reine = la femme mûre : compassion et soins.

Roi = l'homme mûr : contrôle et structure.

L'interprétation des figures peut être guidée par les symboles et les paysages représentés sur ces cartes : désert chaud, pyramides et lézards pour les figures de Bâtons ; montagnes, étendues venteuses, nuages et oiseaux pour les figures d'Épées ; milieux aquatiques et créatures marines pour les Coupes ; et paysages luxuriants, pleins d'une végétation abondante pour les Deniers.

Tous les Cavaliers, montés à cheval, sont considérés comme les hérauts de leur enseigne : ils sont porteurs de messages et établissent la communication. Analysez l'énergie de votre situation en observant la démarche du destrier et la direction dans laquelle il avance. Un Cavalier est toujours signe d'événements excitants, de romance ou de messages à venir.

Les figures peuvent être lues de trois façons. Premièrement, elles peuvent représenter une personne que vous connaissez : mère, père, petit ami, meilleure amie, mais aussi collègues, enseignants ou encore un individu sur le point d'entrer dans votre vie. Pour identifier cette personne, appuyez-vous sur l'enseigne de la carte et le rôle familial attribué à ce personnage. Le Valet d'Épées représentera une jeune personne énergique, vive et maligne (enfant + air), tandis que le Roi de Deniers sera un homme adulte fortuné et lent à l'action (homme mûr + terre).

Deuxièmement, les figures peuvent aussi refléter certains éléments de votre personnalité. La Reine de Coupes, mûre et pleine d'empathie et de compréhension, vous représente lorsque vous tirez les cartes à d'autres personnes, ou que vous prêtez une oreille attentive aux sentiments de vos proches. Le Cavalier de Bâtons vous représente quand vous vous élancez pour défendre quelqu'un, ou que vous vous battez pour une cause qui vous tient à cœur.

Enfin, vous pouvez aussi voir les figures comme des suggestions d'attitudes. Imaginons que vous demandiez aux cartes comment obtenir une promotion au travail, et que vous tiriez la Reine d'Épées : cette femme adulte incarnant l'air est droite et directe ; elle vous conseille de demander sans détour ce que vous désirez.

TIRER LES CARTES À QUELQU'UN

Tirer le tarot à une autre personne est l'une des choses les plus intimes que vous puissiez faire avec elle. Gardez le secret sur vos lectures et ne trahissez jamais la confiance de celui ou celle qui s'ouvre ainsi à vous. Promettez-vous de ne lui lire les cartes que dans son intérêt. Vous êtes le « lecteur » ou « cartomancien », et la personne assise en face est le « consultant », le « requérant » ou, pour les professionnels, le « client ».

Demandez à votre consultant s'il a une question et/ou décidez de la technique de tirage à employer. S'il a une question précise, il peut la formuler à voix haute ou non ; vous n'avez pas besoin de la connaître, car votre tâche est de lire les cartes. Cela étant, beaucoup de personnes souhaitent parler de ce qui les préoccupe : soyez à l'écoute et aidez-les du mieux que vous le pouvez.

Proposez ensuite ou non à votre consultant de toucher et battre les cartes. Certains lecteurs ne le font pas, car cela perturberait leur connexion énergétique avec leurs cartes ; d'autres ont besoin que le consultant les charge ainsi de son énergie personnelle. Comme toujours dans le tarot, cela ne dépend que de vous.

TIRAGE
« RÉTROSPECTION, INTROSPECTION, PROJECTION »

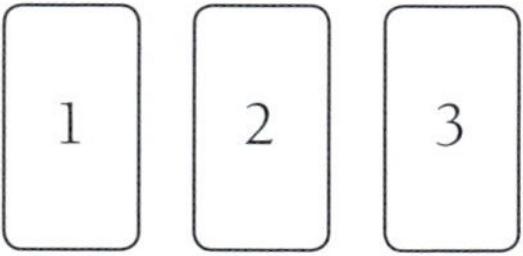

Le modèle passé/présent/futur, grand classique des tirages de tarot, est très utile pour explorer ce qui a été, ce qui est et ce qui sera. Ce tirage prédictif est amusant, mais il manque de nuances. Vous gagnerez en compréhension et en sagesse en optant pour le modèle rétrospection/introspection/projection. Ainsi, vous obtiendrez des informations pour mieux comprendre le passé, mettre le présent en contexte et vous ouvrir aux possibilités du futur.

Pensez à une question ou à une intention. Battez les cartes face cachée jusqu'à ce qu'elles soient bien mélangées. Retournez trois cartes, en plaçant la carte 1 à gauche, la carte 2 au milieu et la carte 3 à droite.

1. **Restrospection** : Ce qui s'est passé et pourquoi cela a eu lieu.
2. **Introspection** : La chose la plus importante que vous pouvez apprendre sur vous-même au moment présent.
3. **Projection** : Ce qui est susceptible de se passer maintenant que vous pouvez l'accepter et progresser dans votre meilleur intérêt.

TIRAGES À TROIS CARTES

Placez les cartes en triangle : la carte 1 au sommet, la carte 2 en dessous à gauche et la carte 3 en dessous à droite.

1. Désir – **2**. Épreuve – **3**. Solution

1. Nous ensemble – **2**. Ce dont tu as besoin – **3**. Ce dont j'ai besoin

1. Situation – **2**. À ne pas faire – **3**. À faire

CARTE-ESPRIT DU *TAROT VINTAGE*

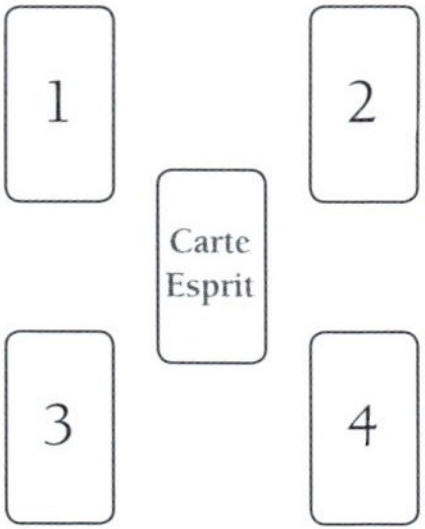

La Carte-Esprit du *Tarot Vintage* est une carte spéciale qui vous guidera, vous offrant une vision et une inspiration uniques. Battez les cartes tout en demandant aide et sagesse. Placez le jeu mélangé devant vous. Tirez des cartes jusqu'à tomber sur un arcane majeur. Ce sera votre Carte-Esprit. Mettez de côté toutes les autres cartes tirées jusqu'ici.

Placez quatre cartes autour de la Carte-Esprit afin de répondre aux indications suivantes.

1. Mon message pour toi.
2. Ce que je vois pour toi.
3. Ce que je veux de toi.
4. Ce que nous pouvons faire ensemble.

LES ARCANES

Les arcanes sont des portes ouvertes sur la compréhension de votre être et de vos mystères. Le tarot est un guide et une source d'inspiration. Ses cartes vous donneront des idées pour aller de l'avant, vivre intensément dans le moment présent et focaliser votre esprit. Elles vous ouvrent un chemin, mais n'oubliez jamais que la magie qui les illumine est en vous.

LES ARCANES MAJEURS

0. LE FOU
L'ÉTRANGER

SIGNIFICATION : Nouveau départ. Potentiel, sottise, innocence, euphorie, voyage.

SIGNIFICATION INVERSÉE : Délinquant, prétentieux.

Pour Waite, le Fou est « l'esprit en quête d'expérience ». Il marche les yeux au ciel, sans voir le précipice à ses pieds, et pourtant il ne court aucun danger. Son baluchon renferme l'expérience de ses vies et cycles passés. Sa main gauche tient une fleur, mais il regarde dans la direction opposée. Sait-il quels dons il détient ? Le blanc alchimique reflète la pureté ; la fleur représente la concrétisation. La fleur blanche symbolise ainsi la recherche de ce qui est déjà en nous. Le Fou (chacun de nous) entame son voyage avec innocence. C'est l'expérience qui nous forge. C'est notre destinée.

I. LE MAGICIEN
LE SORCIER

SIGNIFICATION: Canaliser la force créative de l'Univers. Maîtrise, assurance, talent, volonté, charisme.

SIGNIFICATION INVERSÉE: Anxiété, calomnie.

Le Magicien brandit sa baguette vers le ciel et canalise son énergie du bout de son doigt tendu, illustrant ainsi ce célèbre axiome occulte « Ce qui est en haut est comme ce qui est en bas ». Les quatre enseignes du tarot sont présentes sur sa table pour vous rappeler que ce dont vous avez besoin est toujours devant vous. La lemniscate (le huit couché) symbolise l'éternité. Le serpent qui se mord la queue fait lui aussi écho à la « répétition sans fin ».

Les fleurs épanouies représentent l'efficacité et l'accessibilité de la magie. Utilisez le corps, le mental et l'esprit pour canaliser l'énergie. Obtenez ce que vous désirez en laissant l'énergie de l'Univers circuler en vous.

II. LA GRANDE PRÊTRESSE
LE SOI

SIGNIFICATION: Modèle de l'âme. Oracle, occulte, énigme, authenticité, mystère, intelligence.

SIGNIFICATION INVERSÉE: Faiblesse, superficiel.

La robe de la Grande Prêtresse est aussi la source de l'eau qui s'écoule tout au long du tarot. Elle reflète la fluidité céleste, les qualités de la lune et son effet sur les marées. Les eaux du tarot suivent la direction de l'énergie canalisée par le Magicien. Les lettres J et B font référence à Jakin et Boaz, les deux colonnes marquant l'entrée du temple du roi Salomon, à Jérusalem. La couronne de la Grande Prêtresse renvoie aux trois phases de la Lune. Son voile est le seuil entre les mondes du visible et de l'invisible. Sur ses genoux, le rouleau de la Torah représente le livre de votre vie. Ses secrets ne doivent jamais être lus : vous devez les vivre.

III. L'IMPÉRATRICE LA MÈRE

SIGNIFICATION : Expansion créatrice et qualités maternelles. Abondance, activité, originalité, fertilité, réinvention.

SIGNIFICATION INVERSÉE : Doute, impuissance.

L'Impératrice tient en main le sceptre du monde. Sa couronne renvoie les douze signes du zodiaque. Le symbole de Vénus est gravé sur un bouclier en forme de cœur. Le champ de maïs rappelle le renouveau et la vie. L'Impératrice est le seuil de la vie. On la devine enceinte sous sa robe de soie. Elle est la mère archétypale ; sa grossesse peut être littérale comme métaphorique. Elle est la créativité débridée qui se déchaîne sur le monde matériel.

IV. L'EMPEREUR
LE PÈRE

SIGNIFICATION : Structure érigée et qualités paternelles. Inébranlable, fiable, autorité, conviction, détermination.

SIGNIFICATION INVERSÉE : Difficulté, piégé.

L'Empereur tient un ankh, symbole d'immortalité des pharaons. La sphère dans son autre main marque sa domination sur le monde naturel. Des béliers, rappelant le signe astrologique, ornent les quatre coins de son trône et son épaule gauche. L'Empereur apporte de la structure à la créativité de l'Impératrice.

V. L'HIÉROPHANTE
LE GUIDE SPIRITUEL

SIGNIFICATION: Secrets, enseignements et conseils sacrés. Religion, dogme, sacrement, guide, rituel.

SIGNIFICATION INVERSÉE: Méfiance, scepticisme.

Les clés de l'Hiérophante ouvrent aux secrets des symboles et des textes sacrés. La carte cache trois croix triples: sur sa couronne, son sceptre et le devant de sa robe. Cette croix représente la Sainte Trinité. De la main droite, l'Hiérophante fait le geste de la bénédiction. Il représente le pouvoir extérieur de toutes les religions, ainsi que la sagesse et l'expérience de chacune.

VI. LES AMANTS
L'AMOUR ROMANTIQUE

SIGNIFICATION: Amour naissant. Choix, séduction, attrait, désir, érotisme.

SIGNIFICATION INVERSÉE: Répulsion, abandon.

L'archange Raphaël domine les Amants nus dans le jardin d'Éden. Les couleurs vives et contrastées, la chevelure enflammée de l'ange et l'arbre en feu illustrent la nature explosive du désir. Le serpent derrière la femme symbolise la tentation. La montagne reflète les sommets que peut atteindre l'être humain dans le monde matériel. Les nuages sous l'ange expriment la manifestation du divin. De la carte émanent les leçons de l'amour divin, extatique et spirituel.

VII. LE CHARIOT
LE HÉROS

SIGNIFICATION : Avancer avec confiance. Aide, combat, fierté, conquête, agilité.

SIGNIFICATION INVERSÉE : Effondrement, dépression.

Le Chariot est vêtu des symboles de l'Univers. Ses épaulières représentent Urim et Thummim, instruments de divination bibliques. Sa ceinture est marquée de cinq symboles, dont celui de la Lune et du Cancer. Son char se trouve hors des murs de la ville ; il représente le départ que l'on entreprend seul. Les sphinx noir et blanc rappellent la fusion des opposés qui crée l'énergie nécessaire pour aller de l'avant. Ils font aussi écho aux colonnes de la Grande Prêtresse.

VIII. LA FORCE
LA GUERRIÈRE

SIGNIFICATION: La puissance par la finesse. Dynamique, vitalité, discipline, vigueur, victoire.

SIGNIFICATION INVERSÉE: Corruption, irrespect.

Le lion représente le signe astrologique. La lemniscate couronnant la tête de la jeune femme (et que l'on retrouve aussi au-dessus du Magicien) symbolise la nature infinie de l'énergie et du divin. La montagne au loin suggère les hauts sommets spirituels. La Force caresse l'imposante bête, exerçant son pouvoir avec douceur et bonté.

IX. L'ERMITE
L'ANCIEN

SIGNIFICATION : Lumière du savoir intérieur. Sagacité, vigilance, mystère divin, introversion, retraite.

SIGNIFICATION INVERSÉE : Peur, caché.

Sa lanterne renferme une étoile à six branches, deux triangles représentant la rencontre des cieux et de la terre. Les six branches rappellent aussi la Vierge, sixième signe du zodiaque et donc équivalent astrologique de cette carte. Le sceptre du vieillard est aussi tenu par le Fou et le Huit de Coupes, qui pourrait être l'Ermite au début de son voyage. L'Ermite est au sommet d'une montagne : il est arrivé au terme de son ascension spirituelle et de son voyage. Le sommet enneigé renforce l'idée de hauteur et de conscience supérieure. Sa barbe évoque la sagesse. Sa tête couverte est signe de dévotion et de respect du pouvoir spirituel résidant au-dessus.

X. LA ROUE DE FORTUNE
LE DESTIN

SIGNIFICATION : Révolution du temps et de l'espace interplanétaires. Fortune, célébrité, bonheur, chance, vents du destin.

SIGNIFICATION INVERSÉE : Flux, cycles.

La roue est, depuis longtemps et partout, une métaphore de l'Univers. Des nuages se massent aux coins de la carte, symboles du divin et de la manifestation. Le divin est aussi représenté par les créatures, également aux quatre coins, qui forment le tétramorphe du premier chapitre du livre d'Ézéchiel. Elles arborent une tête d'homme (Matthieu), de lion (Marc), de taureau (Luc) et d'aigle (Jean). Le tétramorphe fait aussi référence aux quatre enseignes du tarot, et la composition de la carte fait penser à celle du Monde (carte XXI). Sur la roue figure le mot *ROTA*, qui signifie « roue » en latin et qui est une anagramme du mot

« tarot » sans le T muet. Le serpent et le chacal incarnent les hauts et les bas de la vie, tandis que le sphinx du mystère domine la scène.

XI. LA JUSTICE
LA LOI

SIGNIFICATION: Karma et règles de la société. Intégrité, travail, droiture, vérité.

SIGNIFICATION INVERSÉE: Favoritisme, obstacle juridique.

La Justice est la dernière carte encadrée de deux piliers (après la Grande Prêtresse et l'Hiérophante). Les piliers symbolisent les pôles opposés, tandis que la figure centrale incarne l'intégration des forces contraires. Son épée est pointée vers le ciel, comme la baguette du Magicien, et comme chez ce dernier, la main tenant la balance est orientée vers le bas: la Justice est l'intermédiaire de la loi divine.

XII. LE PENDU
LE MYSTIQUE

SIGNIFICATION: Capacité à voir une situation sous un nouvel angle. Vigilance, mystique, occultisme, prophétie.

SIGNIFICATION INVERSÉE: Pensée commune, psychologie des foules.

Selon Waite, le visage du Pendu « exprime l'extase et non la souffrance ». Cet homme n'est ni un traître, ni un martyre. Il reflète la capacité à regarder plus profondément dans la nature de la réalité. Le halo autour de sa tête symbolise l'éveil spirituel. Le bois de la potence part dans trois directions, suggérant la nécessité de faire un choix. Le 12 est l'inverse du 21, correspondant à la carte du Monde. Le Pendu et la figure du Monde partagent la même posture, jambes croisées.

XIII. LA MORT
LE DÉPART

SIGNIFICATION : Oublier le passé pour aller de l'avant. Terminus, carnage, perte, passage, évolution.

SIGNIFICATION INVERSÉE : Paralysie, cristallisation.

La Mort apparaît tel un chevalier portant l'ultime message. La couronne au sol indique l'avènement d'un nouvel ordre (les rois déchus figurent d'ailleurs sur des cartes plus anciennes). Un pape demande grâce, une jeune femme se détourne avec horreur, un enfant fixe la Mort sans peur. Un navire s'éloigne, ne sachant rien du carnage. Le soleil se lève entre deux tours : c'est un nouveau départ. La Mort est une transformation qui modifie tout.

XIV. LA TEMPÉRANCE
LA COMPLEXITÉ

SIGNIFICATION : Perfectionnement. Prudence, synthèse, gestion, alchimie.

SIGNIFICATION INVERSÉE : Déséquilibre, irrégulier.

La Tempérance et la Lune sont traversées par le même bassin et le même chemin. La tête de l'ange Gabriel représente le pouvoir solaire. Le halo qui l'entoure représente le divin, un symbole qui date de la vénération des antiques dieux du soleil. Le cercle avec un point en son centre est le symbole alchimique de l'or. Un pied sur la terre et l'autre dans l'eau rappellent l'alliance de la terre et de l'esprit, le bassin étant le subconscient. Le chemin mène vers tous les possibles. Les fluides de la vie coulent d'une coupe à l'autre, illustrant la fusion de toutes choses.

XV. LE DIABLE
L'OMBRE

SIGNIFICATION : Otage de soi-même. Compulsion, profanation, violence, désastre, hédonisme.

SIGNIFICATION INVERSÉE : Futilité, nonchalance.

Cette carte est le négatif de celle des Amants. Le Diable incarne l'ombre. La lumière est devenue ténèbres. Sa barbe blanche évoque la sagesse de l'Ermite, mais en plus bestial, animal. Les Amants pourraient facilement se défaire de leurs chaînes rouillées. Qu'est-ce qui vous retient en otage ? Pouvez-vous vous libérer ? L'homme est en flammes, et la femme a une grappe dionysiaque de onze grains de raisin au bout de la queue. Le Diable est l'archange Uriel. Il a des ailes de chauve-souris, l'agent de l'obscurité. Sur son front, un Denier inversé suggère la distorsion du monde naturel. Le Diable, reflète parfois le plaisir débridé ; il veut que vous cédiez à chaque envie, fantasme et lubie. Mais comment savoir quand s'arrêter ?

XVI. LA TOUR
LA DESTRUCTION

SIGNIFICATION: Liens libérés. Agonie, affliction, ruine, humilité, désastre inattendu.

SIGNIFICATION INVERSÉE: Catastrophe moins grave.

Le cercle (la couronne) est démis du carré (la tour) par la foudre qui détruit ce qui ne s'est jamais accordé. La catastrophe suscite une catharsis suprême. Le déséquilibre se rééquilibre de lui-même. L'éclair est une flèche, une intelligence directe et ciblée, décochée des cieux par un archer invisible. Mars, dieu de la guerre, est associé à la Tour; son symbole astrologique est un cercle d'où s'élève une flèche – la même qu'au bout de l'éclair. La vérité éclate.

XVII. L'ÉTOILE
LA PAIX

SIGNIFICATION : Calme et silence après la tempête. Catharsis, inspiration, espoir, optimisme, clarté.

SIGNIFICATION INVERSÉE : Dédain, arrogance.

Le chaos de la Tour et du Diable s'est achevé, et la nudité de l'Étoile exprime la vulnérabilité et la confiance. Associée au signe du Verseau, le porteur d'eau, elle verse le fluide de la nouvelle vie. L'étoile à huit branches, les collines, les fleurs et les arbres sont des symboles traditionnels de cette carte. Un oiseau au long bec évoque l'ibis, oiseau sacré en Égypte. Le rajeunissement du mental, du corps et de l'esprit jaillit.

XVIII. LA LUNE
LE MYSTÈRE

SIGNIFICATION: Émergence de possibilités latentes. Mystère, occulte, adversaires cachés, séduction, obscurité.

SIGNIFICATION INVERSÉE: Erreur et tromperie moins graves.

La lune croît vers le disque plein. L'écrevisse est une possibilité sortant des eaux du subconscient. Le chemin entre les tours est la voie de l'imagination vers l'inconnu. Le chien (à gauche) et le loup (à droite) incarnent l'agitation de l'esprit. Des voyages chamaniques et méditatifs sont en cours. C'est le crépuscule et l'errance entre les mondes. Sorcellerie et arts occultes.

XIX. LE SOLEIL
LE CRÉATEUR

SIGNIFICATION : Manifestation rapide. Prospérité, satisfaction, abondance matérielle, succès, vitalité.

SIGNIFICATION INVERSÉE : Significations similaires, mais moins intenses.

La plume rouge relie trois cartes : elle est l'innocence chez le Fou, est plus tard transformée par la Mort puis ressuscite ici en l'Enfant. Les tournesols illustrent le pouvoir solaire. L'étendard rouge est une flamme du soleil représentant de nouveaux horizons.

XX. LE JUGEMENT
L'ÉVOLUTION

SIGNIFICATION: Un avertissement qui change tout. Changement radical, régénération, résultats, éveil, libération.

SIGNIFICATION INVERSÉE: Ignoble, faible.

L'archange Michel, ange de la protection, sonne sa trompette. La carte évoque le Jugement dernier de la Bible. Les familles représentent l'unité. Leurs bras ouverts sont une invitation. La croix symbolise l'*axis mundi*, point central de l'Univers, où ciel et terre se rejoignent. Les cercueils sont une métaphore de la mort. Les montagnes au loin reflètent les sommets spirituels; leurs pics enneigés suggèrent la hauteur, la compréhension pure, la clarté. C'est le point de non-retour.

XXI. LE MONDE
L'INTÉGRATION

SIGNIFICATION : Ordre parfait, plaisir pur. Succès défini, voyage, euphorie, progression, perfection.

SIGNIFICATION INVERSÉE : Oisif, apathique.

Le corps nu de la danseuse représente la confiance et la vulnérabilité absolues. Un homme, un lion, un taureau et un aigle ornent chaque angle. Ils représentent les quatre éléments/directions/enseignes. La couronne verte a la forme du zéro, le chiffre du Fou. Son ovale évoque l'organe reproductif féminin d'où émerge la vie. Le Monde tient deux baguettes pour permettre à l'énergie de circuler par son corps. Elle concentre toute l'énergie, insufflant éclat et connaissance dans chacun de ses gestes et pensées. Elle est l'intégration suprême de toutes choses, de toutes qualités et de la vérité absolue.

LES ARCANES MINEURS

SUITE DES COUPES

Cœur, émotions et sentiments.
Les Coupes sont l'imagination,
les rêves et l'amour.

AS DE COUPES

SIGNIFICATION : Émotion débordante. Cœur pur, bonheur, confort, allégresse, exubérance.

SIGNIFICATION INVERSÉE : Duplicité, déviance.

DEUX DE COUPES

SIGNIFICATION : Accueille ce que désire le cœur. Amour véritable, tendresse, affinité, ardeur, mariage.

SIGNIFICATION INVERSÉE : Pas de mots-clés pour carte renversée.

TROIS DE COUPES

SIGNIFICATION : Plaisir de la camaraderie. Conclusion heureuse, accomplissement, guérison, soulagement, amitié.

SIGNIFICATION INVERSÉE : Plaisir physique, volupté.

QUATRE DE COUPES

SIGNIFICATION : Aveugle aux cadeaux que l'on a devant soi. Apathie, réticence, fatigue, problèmes imaginaires.

SIGNIFICATION INVERSÉE: Présage, prophétie.

CINQ DE COUPES

SIGNIFICATION: Tristesse et dépression. Héritage différent de ce que l'on attendait, mariage troublé, addiction.

SIGNIFICATION INVERSÉE: Relations, ancêtres.

SIX DE COUPES

SIGNIFICATION: Lueur du passé. Souvenirs revisités, affections passées, nouvelles prises de conscience.

SIGNIFICATION INVERSÉE: On récolte ce que l'on a semé.

SEPT DE COUPES

SIGNIFICATION : Tous les possibles. Imagination, possibilités, réflexion, dons, visions.

SIGNIFICATION INVERSÉE : Audace, décision.

HUIT DE COUPES

SIGNIFICATION : Laisser derrière soi le passé pour avancer vers ce que l'on désire. Mouvement, transition, voyage, délivrance, vers l'avant.

SIGNIFICATION INVERSÉE : Festin, célébration.

NEUF DE COUPES

SIGNIFICATION : Réalisation de ses rêves. Avantage, satisfaction, vos rêves deviendront réalité.

SIGNIFICATION INVERSÉE : Libération, vérité.

DIX DE COUPES

SIGNIFICATION: Savoureuse conclusion. Environnement heureux, vie domestique, amitié, famille, satisfaction.

SIGNIFICATION INVERSÉE: Obscurité, violence.

VALET DE COUPES

SIGNIFICATION: Jeune personne douée de dons psychiques et de créativité. Nouvelles, messages, facultés psychiques, jeunesse contemplative.

SIGNIFICATION INVERSÉE: Rusé, connaisseur.

CAVALIER DE COUPES

SIGNIFICATION: Soupirant poète et charmant. Apparence, avances, invitation, présence, attrait.

SIGNIFICATION INVERSÉE:
Escroquerie, imposture.

REINE DE COUPES

SIGNIFICATION: Met sa générosité et sa force vulnérable au service des autres. Empathie, rêverie, prophétie, voyance, dévotion.

SIGNIFICATION INVERSÉE:
Dépourvue d'émotions, perdue dans l'imagination et les fantasmes.

ROI DE COUPES

SIGNIFICATION: Génie créatif aimé des autres. Arts et sciences, intelligence créative, équité.

SIGNIFICATION INVERSÉE: Crapule, arnaqueur.

SUITE DES DENIERS

Le monde matériel, tangible.
Les Deniers sont les ressources,
les gens et l'argent.

AS DE DENIERS

SIGNIFICATION : Opportunité dans le domaine matériel. Richesses, joie, bonheur idéal, euphorie, manifestation.

SIGNIFICATION INVERSÉE : Les aléas d'une immense richesse.

DEUX DE DENIERS

SIGNIFICATION: Choix inévitable. Divertissement et plaisir, mais non sans soucis, obstacles et précautions.

SIGNIFICATION INVERSÉE: Plaisir feint.

TROIS DE DENIERS

SIGNIFICATION: Collaboration créative mêlant divers milieux professionnels. Industrie, commerce, aristocratie, haute société, mécénat.

SIGNIFICATION INVERSÉE: Aller au plus facile.

QUATRE DE DENIERS

SIGNIFICATION: Saisir des ressources. Identification avec ses possessions matérielles, argent et terrain en héritage, cadeaux.

SIGNIFICATION INVERSÉE: Incertitude, tension.

CINQ DE DENIERS

SIGNIFICATION: Hauts, bas et épreuves dans ses relations. Soucis dans le mariage et les autres relations, route cahoteuse, sérieux problèmes.

SIGNIFICATION INVERSÉE: Dissonance, banqueroute.

SIX DE DENIERS

SIGNIFICATION: Faculté de donner et recevoir. Charité, indemnités, allocations, manque, subvention.

SIGNIFICATION INVERSÉE: Jalousie, avidité.

SEPT DE DENIERS

SIGNIFICATION : Objectifs atteints et nouvelles décisions attendues. Marchandage, troc, querelle, conscience tranquille, ingéniosité.

SIGNIFICATION INVERSÉE : Angoisse financière, prêt attendu.

HUIT DE DENIERS

SIGNIFICATION : Plaisir du travail et de l'apprentissage. Carrière, travail, art, talent, assiduité.

SIGNIFICATION INVERSÉE : Arrogance, avidité.

NEUF DE DENIERS

SIGNIFICATION : Solitude et richesse savourées. Réussite, sécurité, succès, perspicacité, bon sens.

SIGNIFICATION INVERSÉE: Faute, intentions cachées.

DIX DE DENIERS

SIGNIFICATION: Apprécier tout ce qu'offre le monde matériel. Richesse, famille, héritage, sécurité, cycles, générations.

SIGNIFICATION INVERSÉE: Livre de la vie.

VALET DE DENIERS

SIGNIFICATION: Jeune studieux. Détermination, dévouement, études, érudition, organisation.

SIGNIFICATION INVERSÉE: Distraction, mauvaise nouvelle.

CAVALIER DE DENIERS

SIGNIFICATION : Préparation lente et régulière. Utile, responsable, sensuel, intéressant, intégrité. Oisif, négligent.

REINE DE DENIERS

SIGNIFICATION : Déesse de la maison et du foyer. Bonté, générosité, sécurité, liberté, plaisirs sensoriels.

SIGNIFICATION INVERSÉE : Superficialité, insipide.

ROI DE DENIERS

SIGNIFICATION : Toucher d'or et roi du monde matériel. Bâtisseur, hardi, affaires, immobilier, liberté financière.

SIGNIFICATION INVERSÉE : Manipulateur, autoritaire.

SUITE DES BÂTONS

Carrière, énergie et désir.
Le Bâton est l'enseigne
de la spiritualité et de la passion.

AS DE BÂTONS

SIGNIFICATION : Étincelle d'un nouveau potentiel. Énergie, passion, originalité, source, génie.

SIGNIFICATION INVERSÉE : Déception, emportement.

DEUX DE BÂTONS

SIGNIFICATION : Planifier son avenir. Partagé entre deux mondes, richesse matérielle sans amour, dualité.

SIGNIFICATION INVERSÉE : Étonnement, admiration mêlée de crainte.

TROIS DE BÂTONS

SIGNIFICATION : Partenariats et croissance professionnels. Commerce, affaires, se jeter à l'eau, entreprises nouvelles.

SIGNIFICATION INVERSÉE : Pause professionnelle.

QUATRE DE BÂTONS

SIGNIFICATION : Célébrations, fêtes, communauté. Vie rurale, sanctuaire, plénitude, bonheur du foyer.

SIGNIFICATION INVERSÉE : Mêmes significations.

CINQ DE BÂTONS

SIGNIFICATION : Groupe tendu, en conflit. Fausse lutte, lutte pour la fortune, bataille de la vie, gain.

SIGNIFICATION INVERSÉE : Tricherie, combines.

SIX DE BÂTONS

SIGNIFICATION : Inspirer les autres par ses actions. Victoire triomphale, nouvelle extraordinaire, attentes, célébration.

SIGNIFICATION INVERSÉE : Ennemi proche, adversaire digne.

SEPT DE BÂTONS

SIGNIFICATION : Défendre ses actions avec supériorité. Position avantageuse, âpres négociations, intouchable, défense.

SIGNIFICATION INVERSÉE : Décisions hâtives, nervosité.

HUIT DE BÂTONS

SIGNIFICATION : Bientôt des messages d'amour et de fortune. Flèches d'amour, messages rapides, intentions, dans le mille.

SIGNIFICATION INVERSÉE : Jalousie, dispute conjugale.

NEUF DE BÂTONS

SIGNIFICATION : Dépasser les barrières du passé. Opposant coriace, formidable adversaire, force d'opposition.

SIGNIFICATION INVERSÉE : Obstacle, malchance.

DIX DE BÂTONS

SIGNIFICATION : Se libérer de ses fardeaux pour entamer un nouveau cycle. Fardeaux accompagnant la réussite et la victoire, fortune amenant l'oppression.

SIGNIFICATION INVERSÉE : Complot, antithèse.

VALET DE BÂTONS

SIGNIFICATION : Se faire plaisir de façon juvénile. Collecte de renseignements, passion canalisée, âme aventureuse, amour fidèle.

SIGNIFICATION INVERSÉE : Terribles nouvelles, vérité dévoilée.

CAVALIER DE BÂTONS

SIGNIFICATION : Amant fougueux. Exode, ruée, fuite, jeune homme, extraverti.

SIGNIFICATION INVERSÉE : Dureté, tumulte.

REINE DE BÂTONS

SIGNIFICATION : Femme charismatique. Éthique, noble, sincère, accueillante, entreprise réussie.

SIGNIFICATION INVERSÉE : Exceptionnelle, accommodante.

ROI DE BÂTONS

SIGNIFICATION : Iconoclaste, fait éclater les normes. Respect de soi, authentique, santé, courage, fiable.

SIGNIFICATION INVERSÉE : Détermination acharnée.

SUITE DES ÉPÉES

Le mental, les idées et les pensées.
Les Épées sont les décisions,
les récits et les discours.

AS D'ÉPÉES

SIGNIFICATION : Excellente idée à mettre en œuvre. Succès, intention, réussite suprême.

SIGNIFICATION INVERSÉE : Victoire aux conséquences désastreuses.

DEUX D'ÉPÉES

SIGNIFICATION : Méditation vers des mondes intérieurs. Équilibre, intimité, bravoure, cœur tendre, harmonie.

SIGNIFICATION INVERSÉE : Contrefaçon, traîtrise.

TROIS D'ÉPÉES

SIGNIFICATION : Triangle amoureux. Division, liaison, trahison, cœur brisé, rupture.

SIGNIFICATION INVERSÉE : Repli psychologique, faille.

QUATRE D'ÉPÉES

SIGNIFICATION : Raisonnement solide. Retrait, réclusion, isolation, introspection, repos.

SIGNIFICATION INVERSÉE : Soin, discrétion.

CINQ D'ÉPÉES

SIGNIFICATION: Abuser des autres. Humiliation, chaos, scandale, échec, défaite.

SIGNIFICATION INVERSÉE: Enterrement, enterrer.

SIX D'ÉPÉES

SIGNIFICATION: Des jours meilleurs se profilent. Émissaire, passage, expédition, itinéraire, voyage sur les eaux.

SIGNIFICATION INVERSÉE: Aveux d'amour.

SEPT D'ÉPÉES

SIGNIFICATION: Fuite. Ambition, objectif, audace, effronterie, plan incertain.

SIGNIFICATION INVERSÉE: Conseil avisé, avertissement.

HUIT D'ÉPÉES

SIGNIFICATION : Inertie du cocon. Horribles nouvelles, maladie, blâme, briser, contrecarrer.

SIGNIFICATION INVERSÉE : Harcèlement, trahison.

NEUF D'ÉPÉES

SIGNIFICATION : Pensées obsessives et incapacité à maîtriser son esprit. Deuil, effondrement, échec, ruse, hypocrisie.

SIGNIFICATION INVERSÉE : Captivité, humiliation.

DIX D'ÉPÉES

SIGNIFICATION : Fin d'une histoire. Misère, mutilation, idées sombres, pas toujours signe de mort violente.

SIGNIFICATION INVERSÉE : Bénédiction, gains.

VALET D'ÉPÉES

SIGNIFICATION : Chercher la vérité entre les lignes. Surveillance, berger, assiduité, investigation, expérience.

SIGNIFICATION INVERSÉE : Malfaisant, peur.

CAVALIER D'ÉPÉES

SIGNIFICATION : Accélération à venir. Accomplissement, intrépidité, indignation, conflit, talent.

SIGNIFICATION INVERSÉE : Sottise, gaspillage.

REINE D'ÉPÉES

SIGNIFICATION : Exprimer exactement ce qu'on a en tête. Expression, astuce, force, sagacité, intelligence.

SIGNIFICATION INVERSÉE : Chamboulement, auto-sabotage.

ROI D'ÉPÉES

SIGNIFICATION : Forte énergie masculine intransigeante. Esprit militaire, loi, jugement, maîtrise, pouvoir.

SIGNIFICATION INVERSÉE : Malveillant, intentions cruelles.

NOTES
PERSONNELLES

NOTES PERSONNELLES

NOTES PERSONNELLES

NOTES PERSONNELLES

NOTES PERSONNELLES

NOTES PERSONNELLES

NOTES PERSONNELLES

. . . .

. . . .

. . . .

. . . .

. . . .

. . . .

. . . .

. . . .

. . . .

. . . .

. . . .